DELORT DE GLÉON

La Rue du Caire

À

L'EXPOSITION UNIVERSELLE

DE

1889

PARIS

G. MASSON, ÉDITEUR

LA

RUE DU CAIRE

LA

RUE DU CAIRE

PAR

DELORT DE GLÉON

ARCHITECTE ET COMMISSAIRE GÉNÉRAL DE LA SECTION ÉGYPTIENNE

PARIS

LIBRAIRIE PLON

E. PLON, NOURRIT ET Cⁱᵉ, IMPRIMEURS-ÉDITEURS

RUE GARANCIÈRE, 10

1889

Tous droits réservés

L'ARCHITECTURE ARABE

DES KHALIFES D'ÉGYPTE

A L'EXPOSITION UNIVERSELLE DE 1889

Le Caire possède encore plus de trois cents monuments, mosquées ou tombeaux pour la plupart, qui témoignent de sa splendeur passée. Le plus ancien, la mosquée d'Amrou, date de la création même de la ville. Au milieu du septième siècle, Amrou, ayant conquis l'Égypte, vint établir son camp à Fostat, sur la rive droite du Nil, en face des ruines de l'ancienne Memphis, et posa tout de suite les fondations de la grande mosquée qui a conservé son nom. Autour de cette mosquée, le Caire commença à se bâtir en s'étendant progressivement vers le nord, entre les rives du Nil et la chaîne du Mokattam.

Les successeurs d'Amrou suivront son exemple, et c'est à qui enrichira la nouvelle ville des plus belles constructions; après Amrou, c'est Touloun, puis Saladin, Hakim, Beybars, Hassan, Barkouk, Kaïtbay, El-Achraf, etc., qui, les uns après les autres, rivaliseront de magnificence pour doter le Caire de monuments merveilleux.

Au Caire, l'art architectural arabe présente un développement tout particulier, et c'est là qu'il atteint toute sa perfection, laissant bien loin derrière lui les arts un peu barbares de la Tunisie, de l'Algérie et du Maroc, qui n'en sont que des réminiscences. Celui qui s'en rapproche le plus, l'art des Maures d'Espagne, suit de son côté un développement différent : ainsi, les deux plus beaux monuments du Caire et de l'Espagne, la mosquée de Sultan-Hassan et l'Alhambrah, qui sont contemporains, n'accusent leur origine commune que par la nature de leurs décorations; à l'intérieur de la mosquée d'Hassan, de grands murs lisses, et pour tout ornement, une haute frise d'écritures couphiques sur fond d'entrelacs; à l'Alhambrah, au contraire, profusion de colonnes et de merveilleuses dentelles qui couvrent toutes les surfaces, et dont l'œil est ébloui : toute la richesse et toutes les grâces d'un art un peu décadent.

Quelles sont les origines de l'art arabe ? Il provient certainement du byzantin et du persan : du byzantin pour les lignes architecturales, du persan pour les ornementations. L'art vénitien est dans le même cas, il tient de très près au byzantin, mais les bibelots arabes qui ont été si en honneur à Venise l'ont modifié dans le sens arabe, en lui apportant des ornements nouveaux.

Certains motifs de l'art arabe se retrouvent sur des pierres cophtes des cinquième et sixième siècles, et d'autres motifs de broderies très gracieuses sur des fragments de l'art sassanide (basse époque persane du troisième au septième siècle).

Il est probable que quelque artiste, bohème de génie resté inconnu, ayant voyagé sur les côtes de la Méditerranée, sera venu au Caire (peut-être avec Amroù au septième siècle), et y aura construit un monument en s'inspirant des constructions byzantines qu'il avait vues et en se laissant surtout guider par son inspiration personnelle. Cet artiste aura fait école.

Au début, l'art arabe cherche sa voie et emploie les éléments qu'il a sous la main : ainsi, la mosquée d'Amrou, au septième siècle, est bâtie avec des colonnes grecques et romaines ramassées un peu partout, et ses arcs en ogive restent libres de toute ornementation. Au neuvième siècle, dans la mosquée de Touloun, les colonnes sont devenues arabes et les arcs en ogive sont recouverts d'une admirable dentelle. Dès cette époque, et dans ce milieu favorable du Caire, où les khalifes riches et puissants avaient le goût de la belle architecture, un art spécial et très complet se développe de toutes pièces, ayant son évolution très particulière. Ainsi, les cordons qui encadrent les motifs d'architecture ou d'ornementation, et les stalactites, d'un emploi si fréquent et d'un effet décoratif si pittoresque, semblent bien spéciaux à l'art arabe. Il emprunte parfois des motifs déjà connus, mais les perfectionne et les adopte : ainsi, la coquille pentagonale surmontant une baie, que l'on retrouve dans presque tous les minarets du Caire, vient de Bagdad, où il n'en reste plus, tandis qu'au Caire cette disposition a fait fortune. (Exemples, pl. 14 et 15.)

L'art arabe du Caire a aussi ses découvertes; c'est ainsi que la coupole sur plan carré a été imaginée au quatorzième siècle par un architecte resté inconnu.

Cette solution par polyèdres, d'une simplicité si ingénieuse et d'une si grande élégance, eut au Caire un grand succès, et les coupoles des tombeaux des khalifes et des mameluks en présentent de nombreux exemples. Il est curieux que cette solution soit restée localisée au Caire où elle est née, et on ne peut que le regretter quand on voit les efforts de l'architecture occidentale pour arriver à des solutions d'ordinaire si tourmentées, et qui atteignent bien rarement l'élégance des coupoles des khalifes.

L'art arabe, qui se distingue d'ordinaire par sa grâce et sa légèreté, présente aussi des modèles de constructions d'un aspect sévère et grandiose ; c'est le cas, par exemple, des portes monumentales construites au douzième siècle par Saladin, portes de Bab-el-Nasr, Bab-el-Fotou, Bab-el-Khala, etc., reliées par une haute muraille crénelée : l'architecture occidentale du moyen âge n'offre rien de plus beau et de plus imposant dans le même genre.

Après Saladin, les monuments conservent ce caractère massif et un peu rude d'une belle architecture militaire, mais il commence cependant à apparaître des minarets d'une grande élégance, comme ceux de la mosquée de Sultan-Hakim (début du quatorzième siècle), mosquée colossale terminée par deux superbes pylônes coiffés de robustes minarets. Encore un demi-siècle, et l'art du Caire atteint son apogée avec l'admirable mosquée de Sultan-Hassan (plein quatorzième siècle). A partir de cette époque les constructions affectent des proportions moindres et gagnent en élégance. Si Sultan-Hassan est le plus beau monument du Caire, la mosquée de *Kaïtbay* (fin du quinzième) en est le plus gracieux. Après Kaïtbay, l'art arabe reste stationnaire, vivant sur son passé ; puis il décroît, rencontrant encore parfois, dans quelques constructions, les grâces propres aux périodes décadentes ; mais la belle époque est terminée.

Dans les façades extérieures des monuments comme dans celles des maisons, les couleurs sont en général évitées, à part quelques notes gaies données par des faïences. On rencontre quelquefois cependant des assises alternées de coloration rouge ou grisâtre. Cette décoration est aujourd'hui très fréquente, mais c'est un accident. Il y a vingt ans, j'ai vu la majorité des monuments anciens de couleur naturelle du haut en bas ; ou si par hasard les parpaings de pierre de taille qui couvrent les murs étaient teintés de deux en deux, c'était d'une couleur rose imperceptible, et le temps et le soleil avaient doré l'ensemble d'une chaude patine uniforme. En 1869, un ministre trop zélé, voulant parer la ville pour faire honneur aux invités du canal de Suez, a fait strier presque tous les monuments de belles bandes d'un rouge éclatant; les minarets un peu élevés y ont seuls échappé, Dieu merci, faute d'échafaudages, parce qu'on était pressé. Depuis, le temps a un peu apaisé ces colorations, mais pas assez; la couleur était bon teint.

Dans les intérieurs, soit des mosquées, soit des riches habitations, il n'en est pas de même, et la décoration acquiert d'ordinaire une grande richesse. Les pavements sont faits de marbres précieux multicolores formant des dessins très riches : on en aura une idée très exacte en consultant le bel ouvrage de M. Bourgoin, en cours de publication.

Les murs, à hauteur de trois mètres environ, sont recouverts de portes et arcatures en boiseries formant une série d'armoires et d'étagères, le tout surmonté d'une grande corniche saillante qui peut recevoir des bibelots. Souvent la boiserie s'interrompt et est remplacée par des revêtements en marbre ou en brèches, encadrés de mosaïques en marbre, nacre et verres de couleur. Au-dessus de ce revêtement, les murs sont en plâtre lisse, quelquefois avec des panneaux de faïence et rarement avec des ornements en plâtre.

Les grandes pièces sont rectangulaires ou en croix, et d'ordinaire la monotonie des grandes parties droites est rompue par des niches de toute la hauteur de la pièce, niches quadrangulaires de peu de profondeur, fermées quelquefois, dans le bas, par une arcature en marbre ou en mosaïque recouverte d'une tablette. Quand la niche est plus profonde, elle reçoit un divan; le fond est souvent garni de faïence, et elle se termine par un petit plafond soutenu par deux crosses en boiseries. Ces crosses, très ornées et terminées en stalactites, viennent découper gracieusement l'ouverture de la baie.

C'est dans les plafonds que les Arabes ont déployé à profusion la plus grande richesse d'ornementation et de coloris; ces plafonds sont en bois, à grosses poutres apparentes arrondies, et les intervalles disposés en caissons. Tout le plafond, sans exception, est recouvert des dessins les plus riches et les plus variés, et tout en relief. Sous le plafond court une large frise ornée d'écritures et d'entrelacs, s'amortissant dans les coins sur des paquets de stalactites. Plafond, frise, crosses, sont ornés de la même façon; le tout est décoré en or fin et en couleur : rouge, brun, poudre d'azur, vert, blanc, etc., broyés à l'œuf; mais c'est l'or qui domine et est répandu à profusion. Parfois le plafond prend une disposition toute différente; les poutres apparentes sont remplacées par une série de compartiments d'ordinaire octogonaux, terminés à chaque sommet par des chandelles pendantes, — dans les angles des paquets de stalactites. Dans ce cas encore, même décoration où l'or domine. Rien de plus élégant et de plus somptueux à la fois qu'un beau plafond arabe.

Les boiseries sont aussi d'une recherche incomparable. Dans les belles mosquées, les portes extérieures sont entièrement recouvertes de petits polygones de bronze suivant un dessin géométrique; chacun est assujetti par de gros clous ornés, et chaque pièce est repercée à jour, ou repoussée, ou niellée d'or et d'argent, et présente un dessin différent. Un marteau très orné termine la décoration.

Dans les intérieurs, les portes, soit de communication, soit des armoires, sont en bois (hêtre, sandal, noyer ou palissandre), et toujours construites en compartiments géométriques assemblés avec soin. Chaque pièce polygonale est, selon la richesse de la boiserie, ou lisse, ou incrustée de bois différents, d'ivoire uni ou d'ivoire sculpté. Enfin, toutes les baies donnant, soit sur la rue, soit sur la cour intérieure, sont garnies de moucharabiehs. Ces moucharabiehs sont faites de petits bâtons de hêtre ou bois de Karamanie tournés par boules successives et assemblés délicatement les uns aux autres par de petites pirouettes. Au premier abord, toutes les moucharabiehs se ressemblent, et cependant le nombre des dessins en est infini, variant avec le goût de chaque artiste. Il y en a notamment de tournées sur deux axes, qui donnent un quadrillé d'hexagones et de losanges du plus gracieux effet. Les moucharabiehs sont supportées par des crosses souvent très ornementées et très variées dans les boiseries anciennes; à leur partie supérieure, elles se terminent par une rangée de vitraux en plâtre refouillé et verres de couleur enchâssés dans le plâtre, et sont couronnées par un auvent protecteur saillant supporté par des potences; auvents et consoles sont également très variés.

Tel est, brièvement résumé, l'art des khalifes du Caire, que je m'étais proposé de présenter au Champ de Mars, aux visiteurs de l'Exposition.

Ma mission se présentait dans des conditions toutes particulières et très opposées. Le comité, qui me faisait l'honneur de me nommer son délégué, m'avertissait, en effet, que je ne devais compter sur aucun concours financier; mais par contre il choisissait comme président M. Ch. de Lesseps, qui a mis tous ses soins à me rendre la tâche plus facile, et il me laissait carte blanche pour créer à ma guise une section égyptienne.

Décidé à faire une rue arabe du Caire, j'aurais voulu y accumuler des motifs variés de toutes les belles époques et de tous les genres; élever à chaque extrémité de la rue une porte monumentale; dresser à côté de la mosquée une élégante coupole, et donner dans l'une des constructions une idée d'une belle décoration intérieure avec murs revêtus de marbre, plafonds à caissons rehaussés d'or, et riches boiseries sculptées. Le temps et les ressources m'ont obligé à me restreindre beaucoup. Je me suis arrêté à une rue ancienne dans laquelle j'ai groupé des maisons et des monuments de bon style.

La rue du Caire n'est pas une restitution exacte, mais j'ai fait tous mes efforts pour inventer le moins possible et rester dans l'interprétation d'une sincérité absolue. Il eût été impossible, du reste, de choisir au Caire un modèle de rue et de le reproduire. Il n'existe plus en effet, au Caire, de rue ancienne bien complète, mais par contre il y a bien peu de rues anciennes où l'on ne retrouve de vieilles maisons à moucharabiehs, séparées, hélas! par des maisons modernes de mauvais goût qui remplacent peu à peu les anciennes. Les belles moucharabiehs s'en vont l'une après l'autre depuis que les collectionneurs ont commencé à les rechercher et que les indigènes les cèdent volontiers en échange de bonnes persiennes à la franque; quant aux belles portes ouvragées, elles deviennent introuvables.

Les monuments du Caire, mal entretenus, se dégradent, du reste, tous les jours. Le Caire, il faut l'avouer, est en effet fort mal bâti; toutes les constructions sont fondées sur le sable et seulement à la profondeur des infiltrations aux basses eaux du Nil, c'est-à-dire à sept ou huit mètres; aussi tous les bâtiments se tassent-ils dans le sol à chaque crue, et le but à atteindre est de les voir se tasser régulièrement.

Les maisons sont mal construites, en briques à peine cuites ou moellons enduits à la chaux. Les beaux monuments comme Sultan-Hassan sont en pierre de taille et mieux conservés, mais les intérieurs sont en plâtre, aussi bien à Sultan-Hassan qu'à la mosquée de Touloun, qui depuis le neuvième siècle nous a conservé cependant ses admirables colonnades et arcatures couvertes d'ornements, tout cela en mauvais plâtre du pays. S'il pleuvait un peu fort au Caire deux jours de suite, la moitié de la ville, avec ses terrasses de maisons en mortier, s'écroulerait. Heureusement il ne pleut qu'une ou deux fois par an, et fort peu, mais il suffit d'une averse pour rendre le Caire impraticable plusieurs jours; la boue de la rue du Caire au Champ de Mars, les jours de pluie, n'en donne qu'une faible image.

J'ai dû faire la rue du Caire un peu plus large que ne l'est d'ordinaire une vieille rue arabe, et cela à mon grand regret, car c'était la suppression des enchevêtrements pittoresques de moûcharabiehs d'un côté à l'autre de la rue. J'y ai été obligé par des exigences de service, notamment par trois plaques tournantes de chemin de fer échelonnées dans la rue et qu'il a fallu respecter.

Les maisons du Caire sont souvent dans les dimensions adoptées au Champ de Mars, mais souvent aussi plus élevées. J'ai évité le cas de maisons trop hautes à cause des complications de construction que cela eût amenées. Enfin, si l'on trouve au Caire nombre de minarets plus élevés que celui du Champ de Mars, on en trouve aussi beaucoup de plus petits, et je me suis arrêté à cette dimension (trente mètres), pour rester à l'échelle de l'ensemble des constructions.

En résumé, toutes les maisons de la rue du Caire sont des types bien exacts de vieilles maisons, avec leurs encorbellements et leurs corbeaux fidèlement reproduits; les moucharabiehs et leurs crosses, ainsi que les boiseries des portes, sont toutes anciennes et authentiques, venues telles que du Caire avec leur poussière séculaire, et seulement mises en place. Les échoppes des marchands sont absolument exactes.

Les monuments qui rompent la monotonie des maisons sont des interprétations fidèles de monuments arabes; j'ai dû en composer l'architecture; mais si aucun monument n'est une restitution exacte, chacun d'eux est très près de la réalité.

Le public a fait bon accueil à la rue du Caire, et je lui en témoigne toute ma gratitude; j'aurai atteint tout à fait le but que je me proposais, si ce modeste essai peut créer quelques amis à cet art charmant, si peu connu, que j'ai étudié longtemps et que j'ai aimé dès le premier jour.

Paris, 1889.

DELORT DE GLÉON.

TABLE DES PLANCHES

DÉTAIL DES PLANCHES

Pl. 1. — Entrée de la rue du Caire.

Pl. 2. — Abreuvoir dans le goût mograbin.

Pl. 3. — Type d'école arabe du seizième siècle (Madrassah). — D'ordinaire, à la grille du rez-de-chaussée est installée une fontaine gratuite, et le premier étage est occupé par l'école. — Les portes et les faïences sont anciennes; — l'un des balcons à inscriptions couphiques est une boiserie fort rare du onzième siècle.

Pl. 4. — Boutique de parfumerie. — Boiseries et belle moucharabieh anciennes. — Le crocodile empaillé qui surmonte la porte et l'oiseau découpé perché sur une main sont destinés à conjurer le mauvais sort.

Pl. 5. — Groupe de deux maisons du seizième et dix-septième siècle, portes et moucharabieh anciennes.

Pl. 6. — Porte monumentale, reproduction presque fidèle dans ses dispositions ornementales du rez-de-chaussée d'une fontaine du seizième siècle.

Pl. 7. — Groupe d'indigènes.

Pl. 8. — Anes et âniers.

Pl. 9. — Maison du dix-septième siècle avec belle moucharabieh détaillée à la planche suivante. — Café arabe. — La boiserie provient telle que d'un café du Caire. — Les peintures naïves fidèlement reproduites qui surmontent la porte indiquent que le cafadji a fait le pèlerinage de la Mecque. — La façade de la maison avec ses coquilles et arcatures rappelant l'Occident est d'architecture décadente de la fin du dix-huitième siècle.

Pl. 10. — Détail d'une moucharabieh du dix-septième siècle.

Pl. 11. — Petite mosquée. — Vue d'ensemble avec son minaret. — Cette mosquée n'est pas une restitution fidèle, mais elle s'inspire de bons modèles. — Sa façade est un arrangement qu'on retrouve fréquemment aux quinzième et seizième siècles. — La crête et les deux fenêtres à l'ouest sont empruntées à Kaïtbay, la frise à Sultan-Hassan.

Pl. 12. — Façade et porte de la mosquée précédente.

Pl. 13, 14, 15. — Ensemble et détails du minaret. Ce minaret est inspiré par celui de la grande mosquée de Kaïtbay, avec des proportions plus réduites; les dentelles qui le recouvrent sont des motifs empruntés à Kaïtbay, Sultan-Hassan et Barkouk. L'ensemble est de la fin du quinzième siècle.

Pl. 16. — Deux maisons du dix-septième siècle. — Boiseries anciennes.

Pl. 17. — Porte monumentale du dix-septième siècle. — La porte de la mosquée qui l'a inspirée (Darb-el-Gamamis) porte la date 1021 de l'hégire (1643). — La frise de faïences anciennes qui lui sert de couronnement provient de la ceinture d'une coupole des tombeaux des Khalifes dont elle a été détachée.

Pl. 18. — Maison avec loggia. Ce motif d'architecture se rencontre rarement en façade sur une rue, mais il est fréquent dans les cours intérieures. Dans ce cas un escalier donne accès à la loggia qui sert de vestibule à l'entrée des appartements. — Le modèle reproduit ici est une reproduction presque fidèle.

Pl. 19. — Boutiques du potier (quatorzième siècle) et du fripier (dix-septième siècle).

Pl. 20. — Porte monumentale donnant sur le bazar. Elle est inspirée de la porte de la grande mosquée d'el-Azhar, la grande université du monde musulman.

Pl. 21. — Maison du bijoutier (seizième siècle) et du brodeur (quinzième siècle). Boiseries anciennes.

Pl. 22. — Mosquée en style du seizième siècle. — Boiseries anciennes. — Ornements des quinzième et seizième siècles. — La coquille qui couronne la porte principale est un motif fréquent. Toutes les mosquées du Caire sont décorées aujourd'hui de bandes rouges alternées; nous en avons donné la raison : la mosquée reproduite ici a toujours eu des bandes coloriées qui servent de motifs de décoration autour des baies et dans les plates-bandes.

Pl. 23. — Détail de la mosquée précédente.

Pl. 24. — Vue d'ensemble.

Pl. 25. — Vue d'ensemble.

Pl. 26. — Types de danseuses indigènes.

Pl. 27. — Femmes arabes à la promenade.

Pl. 28. — Confiseur et limonadier (arréroussi).

PARIS

TYPOGRAPHIE DE E. PLON, NOURRIT ET Cⁱᵉ

RUE GARANCIÈRE, 8

ENTRÉE

Pl. 7

PL. II

ES FRÈRES

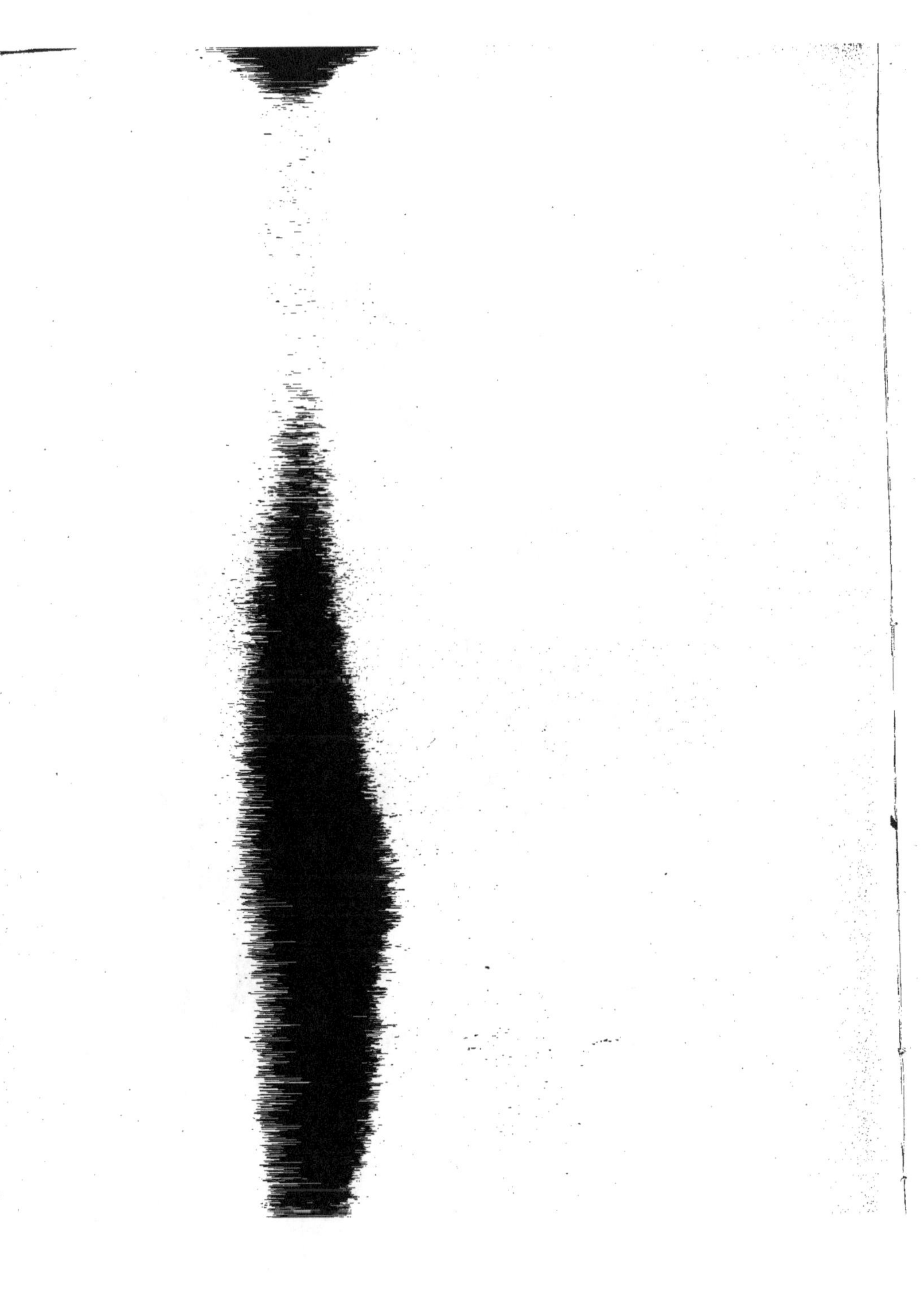